MEIN FINALES BUCH TEIL 3

MIT BÜCHERLEBEN UND GLEICHGEWICHTSZEIT

GERD STEINKOENIG (ich, der Autor)

MICHELLE CONNERY (meine Seele)

BEATRICE FARBER (meine Zeitläuferin)

Verlag: BoD · Books on Demand GmbH, Überseering 33, 22297 Hamburg, bod@bod.de

Druck: Libri Plureos GmbH, Friedensallee 273, 22763 Hamburg

ISBN: 978-3-8192-1128-7

BÜCHERLEBEN

Auch im 82. Buch: ALLE Bücher sind EIN Buch by Gerd Steinkoenig

Ich hatte viele Erlebnisse und Erinnerungen und Momentums

In diesen 3 letzten ISBN-Books kreire ich eine Art Best of

"Mein finales Buch..." von Musik bis Gefühl bis Trump etc...

Mit Bücher-Erinnerungen, Momentums 2017, 2022, 2025 etc...

Daher sind meine 82 Bücher EIN Buch!

Mit dem Running Gag "das letzte Buch"!

Mit meiner Foto-Kunst mit Natur, Bäume, Häuser, Tiere, CDs...

Mit meinem Schlaganfall, Kampf, Gesundheit, Liebe...

Mit meiner Kreativität mit vielen Versionen

Auch wenn viele Menschen drauf scheißen

Aber ich hatte neue Ideen, zB mein kleines Romänchen

Die kurzen Kurzgeschichten, meine Pseudonyme zB über...

...die Dialoge mit "Beatrice Farber" oder meine Seele

Und ich hab trotzdem meine Fans und Marge-Leute

ALLE 82 Bücher sind EIN Buch

Wie ich "davor" 2017 drauf war (Blood On The Rooftops 1. Buch)

Wie ich "danach" 2017 drauf war (Lebenssonne-Lyric)

Wie ich meine Entwicklungen beim Schreiben kreirte

Durch Kreativität, Momentums, Gefühle, Gedanken

Was alles war: das legendäre Foto Vater und ich ca 1962

Was alles war: die Fotosafaris mit St.R. In der SÜW/LD

Was alles war: Memories KL 1977, 80er-Konzerte, LD 2024

Mutter 2023, Globetrotter-Tour 1986, Annweiler 2019...

Und natürlich Genesis, Pink Floyd, The Beatles, Kate Bush,

Neil Young, The Police, Deep Purple, Led Zeppelin, U2...

ALLE 82 Bücher sind EIN Buch

Wenn ich nach diesem Buch noch veröffentliche

Dann zu einem Farb-Fotoband oder EIN ROMAN!!

Schreiben ist gut für meine Seele

Fotos sind gut für meine Seele

Ich kanns ja kreiren bei facebook und Co

Oder handschriftlich Schreiben

Und mein Traum: EIN ROMAN!!

C P Gerd Stein Gerd Steinkoenig 18. Mai 2025

Foto: der Autor (Landau in der Pfalz, mit Löwenzahn-Lifekreislauf)

So facettenreich in Annweiler, um jeder Ecke was Neues. Bei den Einheimischen ist es wohl normal... Bald (1. Juni 2025) bin ich 10 Jahre "Tourist in Annweiler"...

15. Mai um 13:16 ·

ALLES HAT SEINE ZEIT

Gerd Steinkoenig - Leben (geboren 1959)

0 - 9: Kindheit, spielen, Großvater (Mutterstadt, Waldmauselöcher etc...), ab 6 Schule, Natur entdeckt durch Garten in Enkenbach (Stachelbeeren, Erdbeeren, viele Schmetterlinge, Löwenzahn, Regenwürmer, in diesem Moment denke ich als 8jähriger)

10 - 19: Teenager, Schule, Handelsschule, Lehre (Großhandelskaufmann), Bundeswehr (A.H.), aus Eltern-hörig wurde Gerd Rebell (ca ab 1976 durch die Lichter der Stadt mit neuen Menscheninspirationen, von M.B.bis M.K., von Old Vienna bis Smile, Rodenbach auch), legendäre Musik/TV-Serien/Filme (Sweet, The Beatles, Genesis, Pink Floyd, Deep Purple, Neil Young, Kate Bush, Led Zeppelin, Udo Lindenberg, Nina Hagen Band, Einsatz in Manhattan, Columbo, Die Straßen von San Francisco, Dick und Doof, Tatort (Haferkamp und Co), Der Kommissar, The Graduate, Woodstock etc), Radio mit Europawelle-Saar & SWF3-Popshop

20 - 29: Twen als Life-Überholspur mit Jobs, Städte (Mannheim 1981-1985, Frankfurt/Main, Stuttgart...), Frauen (meine ewige Mentorin Guiseppa A, meine Verlobte A.P., D.P., M.A....), viele Konzerte gesehen (mit 3 × Jethro Tull, 2 × Neil Young, Genesis, Pink Floyd, U 2, BAP, Marillion, Steve Hackett, Stevie Wonder etc etc), meine Globetrotter-Tour 1986 mit L.S. inkl Avignon/ Llorett/ Vaison La Romance/ Lyon/ Genf/ Zürich, vor einer Sekunde aus den 1980ern ob vom Gerd-Job in der JVA Mannheim bis Josie auf einem Umsonst und Draußen Festival etc, viel dabei dazu in meinen vielen Büchern, ach ja wieder TV: Dallas, Denver-Clan, Miami Vice (meine Nr 1-Serie ever)

30 - 39: wääääääh! Scheiß Dekade! Am Anfang und am Ende wars gut - zwischendrin war

scheiße: Lebenskrise, zu viele legale & illegale Drogen, zu wenig Selbstbewusstsein (na ja: mein "Running Gag" Vater...), vielleicht waren da ein paar Prozente für meinen späteren Schlaganfall 2017, Trennung von Verlobte und Jobs und mein Auto-Führerschein, am Besten alles vergessen von diesen verkackten 1990ern (absoluter Tiefpunkt: 1997), tatsächlich positiv: Techno, Marusha, die Fabrik (Riesendisco) in Saarbrücken - und MTV Unplugged und Guns N Roses

40 - 49 : Aufschwung für mein Leben, viele gute kleine Jobs von Gartenschau bis Rheinpfalz, moi Katzemäädsche Molly (seit 2005, Treue = Molly) und weitere Haustiere (Manson, Devilinchen...), trotzdem immer im Kreis, nix Neues mit sinnloser Gewohnheit

50 - 59: Jobs: Stadtverwaltung Referat Kultur, OK-KL-TV (5 Musikshows SMOKE - das Musikcafe als Produzent/Moderator), ENDLICH der Umzug von KL nach Annweiler 2015, Job als Seniorenbetreuer mit Zertifikat, seit Januar 2017 als Autor (erste Buch: Blood On The Rooftops), September 2017 Schlaganfall (9 Wochen Schlaganfall-Kliniken, mittlerweile viele positive Fortschritte, trotzdem immer noch Nachwehen, immer noch meine Betreuer:innen, Betreuer-RAin etc)

Seit 60: immer noch Nachwehen, Betreuer:innen etc. Noch mehr Selbstbestimmung, Selbstbewusstsein, Selbstvertrauen, Selbstsicherheit, Souveränität! Und ich hatte meine Kreativitäten als Autor und Fotograf. Leider: Molly ging über ihre Regenbogenbrücke (Feb 2021)

FAZIT: meine positiven Energien und positiven Lösungen! Mit meiner Reinheit, Gelassenheit, Gesundheit (seit September 2017)! Für meine positive Zukunft! Vor 2017 wars anders. Es war DAVOR, jetzt bin ich DANACH! Durch mich, durch Vater, hatte ich meine Schwierigkeiten (als Vater war er mehr als Polizist - das war er ja tatsächlich...), ich hätte mehr Durchsetzungsvermögen agieren sollen mit mehr Selbstbewusstsein. OK, mittlerweile weiß ich ja Bescheid. Es sollte wohl so sein mit diversen Lebensprüfungen! Alles hat seine Zeit! Für mein positives, gesundes, freies, reines Leben! Ich durfte es erleben in allen Facetten, Zeitgeister, Zeitoasen, Menschen, vom Telefonhäuschen bis zum Smartphone, ich sehne an geilen Zeiten von Llorett 1985 & 1986 oder das legendäre "Idioten-Dreieck" ca 1977/1978 (Smile und Co), ich hasse gewisse Menschen (ich bin Skorpion, wenn mein Stachel sticht...), ich bereue von damals: 1977 oder 1986 ok, was man alles so macht als junger Mensch - dann hätte ich aufhören sollen mit den legalen & illegalen Drogen. Dadurch mehr Karriere etc, aber... Es sollte so sein durch Gott: Alles hat seine Zeit... Every Little Thing She Does Is Magic (The Police), Love Over Gold (Dire Straits), Rust Never Sleeps (Neil Young, der Türanschlag von mir als Motivation in meiner Schlaganfall-Klinik Alzey).

C P 15. Mai 2025 Gerd Stein Gerd Steinkoenig (Foto: der Autor, inkl meine Lieblingsband Genesis, mein Lieblingsalbum The Dark Side Of The Moon/Pink Floyd, mein Nr 1-Life-Jahr 2017)

ALLES HAT SEINE ZEIT TEIL 2

Der Sinn des Lebens mit Lebensphilosophie, Lebensprüfungen

Der Sinn mit meinen Lebenswegen mit Horizonten

Weitere positiven Energien, Erfahrungen, Anregungen an mich

Nicht an Merz, Weidel, Trump, Musk, Vance, Söder denken

Erinnerungen aus 3 oder 30 Sekunden von 1977, 1988 oder 2010

Shots aus dem Leben vor einer Sekunde (Zeit = relativ)

Rust Never Sleeps, Don't Look Back, Positive Vibrations

You Have Your Own Special Way, Gerd's Theme

Alle Songs sind dabei mit meinen richtigen Zitaten

Außer Gerd's Theme: am Besten "Crockets Theme"...

In meinem Leben sind viele Leben mit vielen Zeitfacetten

In meinen vielen Books sind viele Life-Versions

Ich hatte geile Musik & TV-Serien & Filme VOR 2017

 Nicht mit The Simpsons, Macho Metal NACH 2017

Es gab verlorene Wege in meinen Lebenszweigen

Gerolstein Jan 1980, Mannheim 1984, KL 2011

3 Wege, die ganz anders sein könnten

Den Job in Gerolstein 1980, vielleicht wäre ich da immer noch

Andererseits: ich wäre nie hie & da, nie in Annweiler

Einerseits: womöglich Old School-Family, nie von 1997

Ich danke Gott für meine zweite Geburt im Sept/Okt 2017

Ich danke für mein positives, freies, gesundes, reines Leben

Alles hat seine Zeit mit Lebenssonne, Lebensfreude

Alles hat seine Zeit mit positiver Zukunft

Wie bin ich in D wenn ich 78 bin, ziehe ich nach SH um

Hab ich genug Kohle, hab ich meinen Traum etc...

C P Gerd Steinkoenig Gerd Stein 15. Mai 2025

Foto: der Autor mit Zeitgeister aus Heften und my books

17. Mai um 15:09 ·

15 Fotos aus meiner Jahrhundertmappe 1998/1999/2000! Der Vorläufer von meinen ab
2017-ISBN-Bücher! Es gab noch mehrere Mappen. Der Vorvorläufer war Story of Rock
(1983). Ist verschollen, hab aber von der Story wenigstens die 44 empfehlenswerten LPs
(dabei bei meinen Books). Meine Mentorin und Triebfeder dazu für meine Bücher war/ist
Guiseppa A. Und Großvater! Ca 1970/1971 schrieb ich die Tagebücher von Großvater - er
erzählte, ich schrieb! Über den 1. Weltkrieg, 2. Weltkrieg! Leider verschollen... C P Gerd
Steinkoenig Gerd Stein 17.05.25

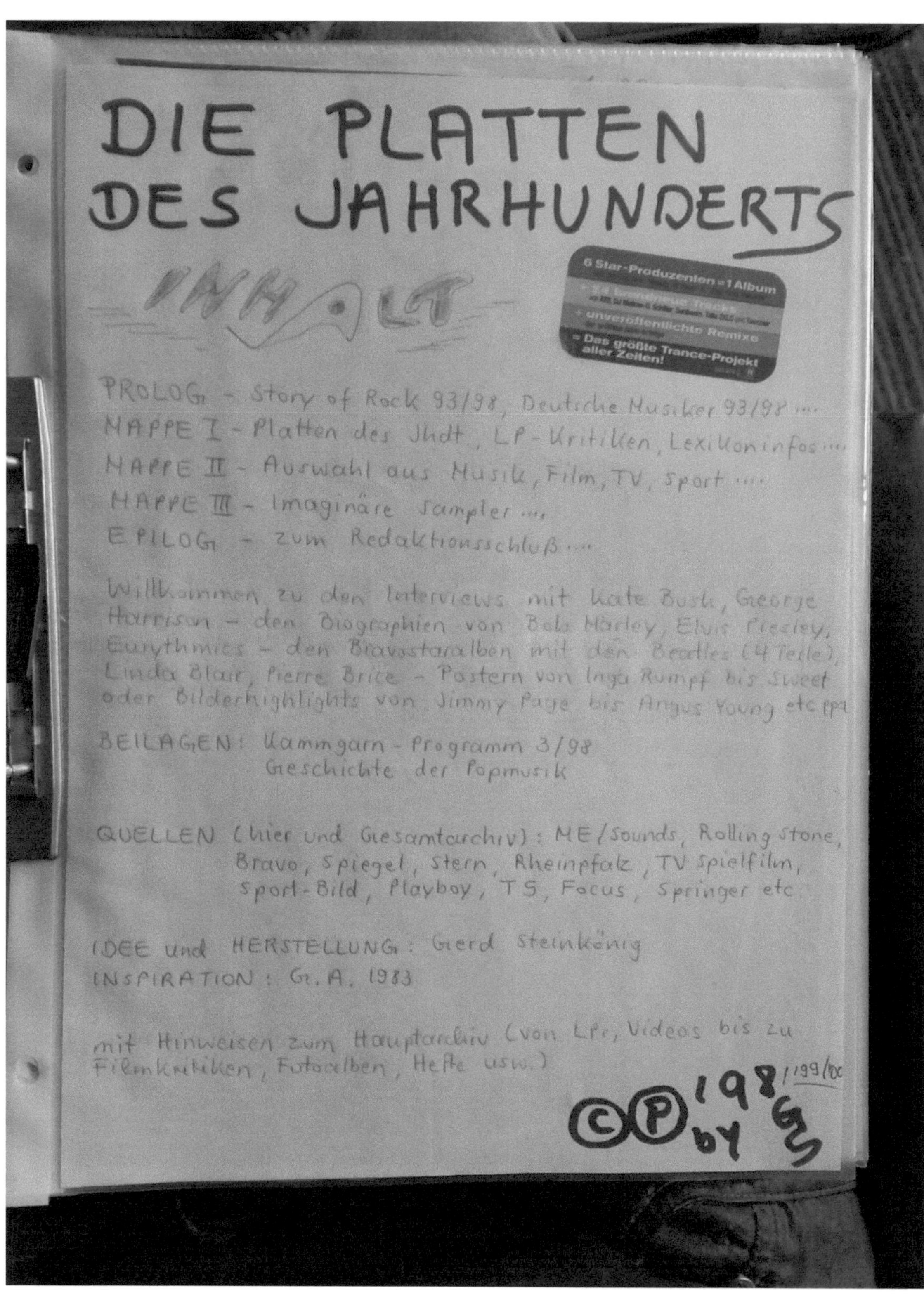

DIE PLATTEN DES JAHRHUNDERTS

INHALT

PROLOG – Story of Rock 93/98, Deutsche Musiker 93/98 ....
MAPPE I – Platten des Jhdt., LP-Kritiken, Lexikoninfos ....
MAPPE II – Auswahl aus Musik, Film, TV, Sport ....
MAPPE III – Imaginäre Sampler ....
EPILOG – zum Redaktionsschluß ....

Willkommen zu den Interviews mit Kate Bush, George Harrison – den Biographien von Bob Marley, Elvis Presley, Eurythmics – den Bravostaralben mit den Beatles (4 Teile), Linda Blair, Pierre Brice – Postern von Inga Rumpf bis Sweet oder Bilderhighlights von Jimmy Page bis Angus Young etc ppi

BEILAGEN: Kammgarn – Programm 3/98
Geschichte der Popmusik

QUELLEN (hier und Gesamtarchiv): ME/Sounds, Rolling Stone, Bravo, Spiegel, Stern, Rheinpfalz, TV Spielfilm, Sport-Bild, Playboy, TS, Focus, Springer etc

IDEE und HERSTELLUNG: Gerd Steinkönig
INSPIRATION: G. A. 1983

mit Hinweisen zum Hauptarchiv (von LP, Videos bis zu Filmkritiken, Fotoalben, Hefte usw.)

©P by GS 198/199/00

Daß man einem 19jährigen Mädchen einen hochdotierten Plattenvertrag gab, war schon ungewöhnlich. Daß Kate Bush mit ihren hochgradig verspoonenen Songs auch noch Erfolg hatte, war vor 15 Jahren aber die eigentliche Sensation. Mit der noch immer notorischen Einzelgängerin, die nach vierjähriger Pause wieder an die Öffentlichkeit tritt, sprach in London Chrissie Iley.

Kate K B Bush

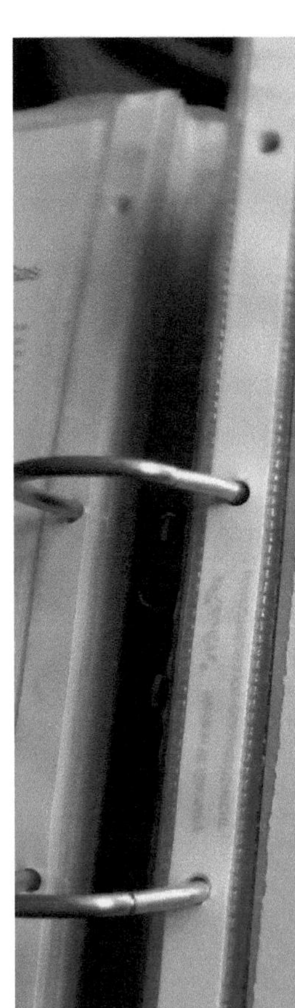

m E/SOUNDS: *Du bist dafür berüchtigt, dir für ein neues Album so viel Zeit zu nehmen, wie du es für richtig hältst — gleichgültig ob deine Plattenfirma von einer Ohnmacht in die andere fällt. Wie ist dieser lange Arbeitsprozeß erklärbar? Mußt du dich erst in einer spezifischen Stimmung befinden?*

BUSH: Das ist ein Vorgang, den man mit Worten kaum beschreiben kann. Als ich jünger war, ging's völlig unkompliziert: Ich setzte mich ans Klavier und versuchte einen Song zu schreiben. Das waren glückliche Momente — und deshalb wollte ich bei diesem Album ähnlich vorgehen. Aber je länger du dich mit einem Song beschäftigst, desto mehr entwickelt er eine Eigendynamik. Das überrascht mich immer wieder: Du fängst etwas an — und schaust dann staunend zu, wie der Song ein Eigenleben entwickelt, wie sich kleine Ideen und Veränderungen einschleichen, ohne daß du sie noch bewußt kontrollierst. Und diese Erfahrung wiederum verändert dich selbst. All das ist sicher ein Grund, warum meine Platten so lange brauchen. Aber ich bin dankbar für meine Arbeit, vor allem

ich emotional verletzt bin, kann ich einfach nicht singen — weil Singen und Atmen so eng miteinander verbunden sind.

ME/SOUNDS: *Welche Erfahrungen, welche traumatischen Erfahrungen hast du im Lauf der letzten Jahre gemacht — und wie haben sie sich niedergeschlagen?*

BUSH: Die schlimmste Erfahrung war sicher der Tod meiner Mutter. Ich konnte monatelang nicht arbeiten, ich konnte mir nicht einmal vorstellen, wie ich wieder zu diesem Arbeitsprozeß zurückfinden würde. Es war einfach zu schmerzvoll, um arbeiten oder gar singen zu können. Letztlich mußt du natürlich doch damit leben und so positiv wie möglich zu verarbeiten suchen.

ME/SOUNDS: *Wie stehst du zu deinem Vater? Es heißt, daß er dich in deiner Entwicklung sehr geprägt habe.*

BUSH: Er ist ein starker Charakter, ein wundervoller Mensch. Ich habe viel Respekt für ihn.

ME/SOUNDS: *Er war früher Boxer?*

10 SCHAUSPIELER

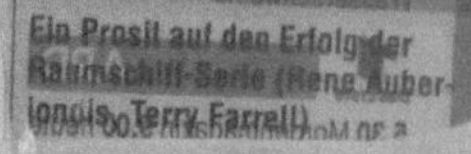

1. Humphrey Bogart (Casablanca, Malteser Falke, Schatz der
        Sierra Nevada, African Queen, Sackgasse u.v.a.)
2. Jodie Foster (Lämmer, Angeklagt, Catchfire, Taxi Driver u.v.a.)
3. Heinz Rühmann (Feuerz., Schulfreund, Wenn der Vater... u.v.a.)
4. Dustin Hoffman (The Graduate, Rain Man, Little Big Man u.v.a.)
5. Jack Nicholson (Shining, Kuckucksnest, Easy Rider, Chinatown...)
6. Dennis Hopper (Rider, Catchf., Out of the Blue, Blue Velvet...)
7. Nasstasja Kinski (Katzenmenschen, Die Reifeprüfung, Bleib....)
8. Ingrid Bergmann (unvergesslich in Casablanca)
9. Tom Cruise (Geboren am 4. Juli, Rainman, Tage des Donners...)
10. Marilyn Monroe (Manche mögens heiß, Niagara, Verflixte 7.Jahr...

10 Konzerte

1. Marillion (Fugazi-Tour 1984 in Heidelberg)
2. Genesis (Invisible Touch 1987 in Mannheim)
3. Pink Floyd (Momentary...-Tour 1988 in Mannheim)
4. Neil Young (2 x in Wiesbaden und Heidelberg)
5. Helen Schneider (Rock n Roll-Gipsy in Ludwigshafen 1985)
6. Peter Gabriel (US- Tour in Mannheim 1994)
7. Peter Maffay (Ich will leben-Tour im Eisstadion MA)
8. Stevie Wonder (nochmal Eisstadion, "Happy Birthday")
9. Fischer Z (Red Skies 1983 im Flash, KL)
10. Udo Lindenberg (Heidelberg 1984)

(es handelt sich um einen Ausschnitt von mir gesehener Konzerte,
außerdem: U 2, BAP, Spliff, Steve Hackett, Jethro Tull, Manfred

Manns Earthband, Lilienthal, Anyones Daughter, Blue Öyster Cult u.a

LIVE AID

Es gibt die Bibelsage von den sieben fetten und sieben mageren Jahren. Und die Erkenntnis, daß das Leben sich in einer zyklischen Bewegung immer wiederholt, ist dank guter Bildung im „Westen" fast jedem bekannt. So läßt sich offenbar nichts daran ändern, daß in der menschlichen Geschichte immer wieder Konstellationen eintreten, die entgegen dem allseitig und immer wieder öffentlich postulierten Wunsch nach einer glücklichen Gesellschaft Krieg oder eben Hunger ankündigen. Es wäre in solchen Situationen an den von uns gewählten und bezahlten Politikern, die entsprechenden Gegenmaßnahmen rechtzeitig zu treffen und die Allgemeinheit nicht nur auf das anstehende Problem aufmerksam zu machen, sondern eben Lösungen zu finden.

Afrika hat 1973-74 die letzte schlimme Dürrezeit mit einer nachfolgenden Hungerkatastrophe gehabt. Damals wurden pro Jahr etwas mehr als eine Million Tonnen Nahrungsmittel in das Katastrophengebiet geliefert. Zu Hunderttausenden starben die Leute damals, weil Kriege und schlechte Infrastruktur eine wirkungsvolle Verteilung der so oder so nicht ausreichenden Hilfe unmöglich machten.

So machte sich die dafür zuständige Unterorganisation der UNO, die FAO (Food and Agriculture Organisation) daran, eine ähnliche Katastrophe mittels eines Frühwarnsystems in Zukunft zu verhindern. Und tatsächlich meldete diese Organisation bereits im Dezember 1982, daß Ät-

Sting gab seine erste Solo-Vorstellung vor englischem Publikum - mit alten Police-Titeln wie „Roxanne" oder „Message In The Bottle" … und hatte Riesenerfolg: das ganze Stadion sang mit.

Sadé schlug leise Töne an und kam groß' raus mit „You're Love Is King".

Politikern und etablierten konservativen Gesellschaftsstützen bisher in's Lächerliche gezogene und nicht akzeptierte, aber tatsächlich vorhandene Kommunikationsebene der Pop- und Rockkultur gegen das Elend nutzen und eine bisher beispiellose, weltweite Hilfsaktion zu starten.

Bob Geldofs Idee

„Vor neun Monaten sah ich diese Reportage am Fernsehen. Bilder, die einem das Wasser in die Augen trieben, die eine bisher von mir nicht gekannte Betroffenheit meinerseits auslösten. Kinder, Mütter, alt und jung, und alle den sicheren Tod vor Augen - wenn sie nicht bereits tot waren. Ich wußte, daß ich etwas zu tun hatte, wollte nicht an der Schuld teilhaben, die der grausame Hungertod dieser Menschen auf uns Überlebende bürden muß. Daraus ist die Idee für Band Aid, der Song „Do They Know It's Christmas" und daraus ist Live Aid mit diesem Monsterkonzert entstanden. Ich wollte das Stärkste was ich habe, für diese in schwerste Not geratenen Menschen zur Verfügung stellen. Und für mich als Musiker war das die Musik, die ganze Industrie, die Macht dahinter. Ich hatte die Erfahrung, das Musik als Botschaft in der heutigen hochtechnologisierten Welt innerhalb Stunden um die ganze Erdkugel verbreitet werden kann. Pop- und Rockhits haben bewiesen, daß fremde Sprachen, Grenzen und andere Kulturen kein Hinternis sind. Ich wollte es den wohlgenährten Leuten im Westen so

Rund drei Jahrzehnte ihres Lebens, erklärte sie der New York Times, habe sie in einer Identitätskrise verbracht – seit dem Newport Festival 1959: "Mit siebzehneinhalb hatte man diesem kleinen Pinkel, der sich immer noch als dummes, mexikanisches Huhn aus Südkalifornien empfand, rasch ein Image verpaßt: Da war ich – die Jungfrau Maria. Man brauchte mir nur zu sagen: So und so ist's im Gefängnis – und schon fühlte ich mich dafür verantwortlich".
(Joan Baez, S. 81)

Noel Gallagher von Oasis schwärmte: "Eine phänomenale Gruppe. Ich wünschte, ich hätte den Song TO LOVE SOMEBODY geschrieben".
(über die Bee Gees, S. 102)

KRITIKEN / INFOS

(Auszüge aus dem Rock-Lexikon '98)

" Calling All Stations heißt das Opus –
doch ob noch jemand antwortet? Genesis
in den 60er Jahren? Eine Schülerband.
Genesis in den 70er Jahren? Rockmusik in
progressiver Vollendung, erst mit Peter Gabriel,
dann mit Phil Collins. The Lamb Lies Down On
Broadway und Trick Of The Tail waren in
ihrem Segment wegweisend für die Epoche.
Genesis in den 80er Jahren? Einige furiose
Videos. Genesis in den 90er Jahren? Ein VW
Golf. Genesis 1997? Von allem ein bißchen
und doch nicht so richtig."
(Deutsche Rolling Stone 9/97, im Lexikon S. 361)

Ihr Rock ist so
kurz wie nie,
die Show extra
lang: Tina Turner,
47, wird allein
bei uns 250 000
Fans begeistern

LONGPLAYERS

PARIS
Supertramp
A & M AMLM 66702

Supertramp live in Paris — diese Doppel-LP ist gleichzusetzen mit einem Best-Of-Supertramp-Album und wurde wohl eher zufällig live aufgenommen, bei Supertramp macht's ja eh keinen Unterschied ob on stage oder im Studio, die Gruppe besticht durch technische Perfektion und spielt vieles nahezu notengetreu nach. Der einzig auffällige Unterschied zu Studioproduktionen ist, daß sich zwischen den

Songs keine Pausen befinden, sondern das Jubeln von 8000 Franzosen. Aber warum auch nicht? Viele Gruppen bringen Best-Of-Sampler heraus und wenn Supertramp sich sogar die Mühe machen, alles live aufzunehmen, dann sollte man die Band eigentlich noch loben. Die

vier LP-Seiten sind prallgefüllt mit Supertramp-Klassikern, „School" ist ebenso vertreten wie „Bloody Well Right" oder der „Logical Song". Die ersten drei Seiten kann man unzählige Male locker herunter hören, lediglich Seite vier ist mir persönlich etwas zu pompös geraten. Trotzdem glaube ich, daß sich PARIS zum Nachfolger von Pink Floyds THE WALL entwickeln könnte — jeder kennt sie, jeder mag sie — die Platte für jeden Anlaß!
****
    tr

CB 200
Dillinger
Island 25249

Mit „Cokane In My Brain" törnte Dillinger in diesem Sommer ganze Heerscharen von Ibiza-Urlaubern und Diskotheken-Gängern in Holland und Deutschland an. Diese Single-Auskopplung ist tatsächlich auch eines der originellsten Stücke

der LP „CB 200", musikalisch am attraktivsten und, was wichtig ist, am leichtesten zu verstehen. Denn man muß schon genau hinhören, um all die Feinheiten aus dem Sprechgesang des jungen jamaikanischen Discjockey/Sängers Lester Bullocks herauszuhören. Der schnoddrige Singsang über den meist nur auf den ersten Blick simplen und monotonen Reggae-Playbacks macht einen an, sobald man ein wenig merkt was eigentlich angesprochen wird. Den Reiz dieser Form des Roots-Reggae-Sprechgesangsüber fertigem Playback bekommt man gleichwohl nur dann mit, wenn man eine Ader dafür hat. Anspieltips: „Cokane", „Buckingham Palace".
****
    sg

BREAKFAST IN AMERICA
Supertramp
A&M 64 747

Typisch Supertramp. Ich glaube, auf dieser Platte taucht kaum ein Ton auf, der zufällig dorthingeraten ist. Bewundernswürdige Arrangements, durchgefeilt bis ins letzte Detail, exzellent produziert, kristallklar und trotz der Vielschichtigkeit vollkommen durchsichtig der Sound. Supertramp haben sich in einem kalifornischen Studio auf die Produktion vorbereitet, in einem zweiten aufgenommen, in einem dritten abgemischt. Voll guten Glaubens begann die CBS schon im Dezember '78 mit einer Werbekampagne für „Breakfast In America", doch Supertramp waren noch lange nicht fertig, überzogen den Abliefertermin um Monate.

Ein immenser Aufwand an Zeit, Geld und Material. Perfektion großgeschrieben. Und dennoch: die LP wirkt nicht überproduziert. Perfekt ist sie, aber nicht superperfekt. Will sagen: die Technik hat die Ideen der Musiker nicht getötet, der Mensch die Oberhand behalten.

Was die Szene beherrscht, ist daher die vielseitige Klanglandschaft, gemalt in vielfach abgestuften Pastelltönen und durchzogen von elegischen Schleiern. Das Saxophon von John Helliwell setzt zudem sehr warme Akzente, die Supertramp endgültig aus der Ecke kalten Techno-Rocks herausholen. Merkwürdig: im Vergleich etwa zu Genesis oder ELP wirkt „Breakfast In America" geradezu spritzig; hohle Künstlichkeit trifft man selten an.

Ein paar einprägsame Songs wirft das Album erwartungsgemäß auch ab, „The Logical Song" etwa und „Casual Conversations". Es bringt zudem viele Anklänge an die Beatles; da gibt es arrangierte Passagen und Melodieführungen, die ganz dem Stil entsprechen, den Lennon, McCartney und George Martin in der zweiten Hälfte der sechziger Jahre drauf hatten. Ein sehr schönes Album, das beste der Band seit „Crime Of The Century", zudem in eines der besten und witzigsten Cover der Rockgeschichte verpackt.
****
    hh

In einem anderen Leben des Autors... Die Zeiten... Und schön geschrieben, natürlich Klarsichtfolien, immer akurat... Den "Büromensch" bin ich immer noch (durch Handelsschule, Kaufmann, JVA-Job etc), aber DIESE Nummer kann ich nicht mehr so machen: schreiben? Geht so, irgendwie (durch den Schlaganfall)... Damals war natürlich nix mit self-publishing-Buchverlag - aber wenn ich damals 1983 (und selbstverständlich 1998-2000) ein Buch kreiren können...

Ist bei mir normal in meinem Leben: immer die falsche Zeit... Momentan finde ich: alles ok! Ich hoffe auch weiterhin - oder doch einen Neuanfang?

Ach übrigens, weil... Siehe oben...

AUßEN VOR MIT KAMPF

Im Momentum bin ich so drauf wie 2018/2019

Meine "Betreuer"-Anwältin "kennt mich nicht"

Sogar die Assistentin "Engelchen" scheißt drauf

Mit "richtigem" Rechtsjob sind die top

Aber ich bin ja nur ein Depp:

das schrieb ich schon 2018/2019...

Ich dachte seit 2020/2021: alles paletti

Aber mittlerweile habe ich keine Hilfe

Wegen Ergo, AOK, Apotheke bräuchte ich Geld

Beziehungsweise den Befreiungsausweis

Aber die Anwältin macht nix

Der Ergo hat schon Kampfansage

Wenns so weitergeht ist bald Betreuerrichter

Nur weil die Anwältin "Stress" hat wegen 5 Minuten

Dem Weltbild der Anwältin bin ich nur behindert

Mit Vorurteilen: Depp, bescheuert, blabla

Wir hatten echt einen Deal mit "das W"

Wir hatten uns geschnupert, zB wegen einer Cat

Mittlerweile scheiß ich drauf! Nur ein Beispiel:

Der Befreiungsausweis 2024 kam im Oktober 2024!!

Schon der Ergo, ich wäre beschissen behandelt

Und mein "Engelchen" log im letzten Schreiben

Trotzdem habe ich natürlich meine positive Energien

Zudem warte ich seit 1. März einen 2. Betreuer

Hat nicht mit "das W" zu tun, andere Zuständigkeit

Der Vorgänger war ein klasse Betreuer (StefanR)

Als Psychologe, 5 1/2 Jahre, ein tolles Team

Meine Betreuerin RoKo ist meine Sonne

Sie ist total toll und der neue Betreuer soll bald da sein

Trotzdem hab ich momentan wenig Konstanz

Der Rhythmus ist durcheinander

Ich brauche wieder mehr Tagesstruktur mit Klarheit

In letzter Zeit ab und zu Schwindel, zu viel denken

Ich brauche meine normale Lebensgesundheit

Trotzdem habe ich natürlich meine positive Energien

Kampf! Mut! Wille! Disziplin!

C P Gerd Steinkoenig Gerd Stein 16. Mai 2025

Foto : der Autor (von heute in Landau in der Pfalz

So langsam weiß ich Bescheid! Es ist logisch! Am Montag zur Ärztin! Das war schon öfter (zB Landau-Wege), aber für mich wars nicht ernst: ach mehr Minerale oder mehr Futterchen. In den letzten Tagen ist es schlimmer   - wenn ich von gestern in Landau denke. War ganz normal und dann aufeinmal Schwindel (zB beim fotografieren oder zu schnell Menschen oder parkendes Auto). Meensch, irgendwann ist immer! Scheiße! C P Gerd Steinkoenig Gerd Stein 17. Mai 2025

PS 19.05.25: Foto nicht da aus technischem (Medizin-Internet-Info): es geht um die Gleichgewichtsstörung beim Gehen. Mittlerweile alles ok, denn durch diverse Differenzierungen. Manchmal tatsächlich Schwindel (heut Morgen zu schnell Kaffee...), oder zu wenig Wasserchen etc. Und keine Angst, wenn ich nach Landau fahre (Zug) und gehe. Immer dran denken, iss ja "nur" das. Ich fall nicht um, basta! Morgen ist meine Betreuerin (und ein zusätzlich Neuer als Einstieg), da kann man diskutieren und vielleicht am Donnerstag zur Ärztin. Gestern telefonierte ich (wie jeden Abend) mit Mutter. Sie meinte, ja klar, das kenn ich, hab auch öfter Gleichgewichtsstörung... Also, es gibt viele Gründe, aber ganz oben ist: Schlaganfall! Psyche! Etc. Das ist bei mir auch ab und zu. Aber es interessierte mich nicht. Vielleicht bin ich momentan zu sensibel durch die letzten Wochen. Meine Hoffnung: meine logischen Infos dazu und noch mehr Disziplin (wenn Schwindel kommt).

Genesis Genesis Fans Museum Genesis ~ From Revelation 19:69-3 to The Last Domino! 20:22-3 mit dem Titeltrack aus dem Album A Trick Of The Tail (1976). Geiler Song mit Video-Humor mit Progrock-Spaß aus den seligen 1970ern! Das erste Album mit dem 2.

Sänger Phil Collins (zuvor mit Peter Gabriel). Forever GENESIS!! (14. Mai 2025)

Genesis - a trick of the tail.

YOUTUBE.COM

Genesis - a trick of the tail.

11 Fotos aus 3 ISBN-Books von Gerd Steinkoenig : 1 x 2017 ("davor"), 2 x 2022 ("danach")!

Unn, wo soll
ich dich hinfahre?
nach
Monnem

Ich bin Gerd Steinkoenig und habe mein 33. Buch
veröffentlicht!

INHALT: Vorwort/ Kapitel1: Genesis 2: A Day In The
Life 3: "Naturstoned" 2018 4:Der Kampf gegen meine
Individualität 5: Moi Katzemääädsche Molly
(März/April 2005-4.Febr 2021) 6: Frauen 7: Das Haus
und die Zeit 8: Mein Tierfoto des Jahrtausends 9:
Monnem 10: Meine Bücher 11: Politik, Krieg &
Desillussion 12: Mrs. Z and Me 13: TV-Serien von Star
Trek bis Miami Vice 14: Mrs. Z and Me Part II 15:
Das Momentum am 14.02.2018 und am 05.04.2022 16:
Zeitfotos /Nachwort-Bild

Ehrlich, authentisch, schön! C P 05. April 2022

All You Need Is Love!

Berry.... Die Liste könnte jetzt das Buch füllen...

ZWEI

Sein letztes Album "Blackstar" erschien 2 Tage vor seinem Tod - und wenn man Videos und Texte sich reinzieht, selbst seinen Tod hat er zelebriert. (der Autor in Blood On The Rooftops über David Bowie)

Ein humpelnder, drogensüchtiges Medizingenie poltert in der menschlichen Psyche. (der Autor über "House" im selben Buch)

Die Menschheit sollte mehr Demut haben (bei vielen überhaupt einmal Demut), sollte das Sein genießen. (der Autor in Über Musik und die Welt)

James Blunt ist das Grauen aus der Musikhölle!!! Bei seiner Stimme ergreifen sogar die apokalyptischen Reiter die Flucht... (der Autor über James Blunt in Gerds Blood)

Guter Schlager heutiger Prägung wird in der Abteilung Deutsch-Pop geführt (der Autor in Blood On The Rooftops Teil 2)

... der Abgesang des Rock in seiner revolutionären Kraft, die Deadline des Oldschool-Rock. Jaaa, es gibt auch 2017 CDs von alten Recken, aber Use Your Illlussion war der Schlussstrich, bevor endgültig die illussionslosen Buchhalter die Plattenfirmen übernahmen. (der Autor in Blood On The Rooftops Teil 3)

... Egal was passiert, was das Schicksal mit einem vor hat, mit all den Möglichkeiten der Abzweigungen: Viva La Vida <3 (der Autor in Blood On The Rooftops)

... das Plattencover anschauen, die Texte lesen, eins werden mit der Musik mit dem Überstülpen der Kopfhörer (ich meine Kopfhörer, nicht die komischen Stöpsel heutzutage). Es ist Wochenende, Ende der 1970er, ich fahre nach KL zu meinen Kumpels in die einschlägigen "Studenten"Kneipen. Zappa läuft, Pink Floyd oder Jethro Tull oder eben Genesis... (der Autor im selben Buch)

Oder was alles vor 50 Jahren geschah. die Sgt. Pepper der Beatles, der Summer of Love, das Doors-Debüt... (der Autor in Über Musik und die Welt)

Zeiten ändern sich, Moden ändern sich, Kultur und Musik ändert sich, Medien und Techniken ändern sich. Aber entwickelt sich die Spezies Mensch weiter? (der Autor in Blood On The Rooftops Teil 2)

DREI

"David Gilm… … als 2000 Kinos gezeigt.

Die Top Ten Alben in Deutschland am 15.06.1977

1. Greatest Hits - Smokie

2. Animals - Pink Floyd

3. Arrival - Abba

4. Live - Status Quo

5. Das Wort zum Montag - Otto

75

Fall für Zwei, Der Alte, DDR-Polizeiruf 110... Kommissar, Derrick, Tatort, Der Fahnder, [...] Deutschland zu versteh[...]

ZWANZIG

In Kapitel 7 angeschnitten: heute habe ich gesiegt! Es wurde festgestellt, das ich schuld[...] war! Viele Gedanken gingen mir durch den Kopf, ich habe daraus gelernt und die wochenlange Situation hat mich gestärkt. Ich werde in Zukunft manche Lebensaufgaben [...] anders handhaben. Im gewissen Sinne war es ein Einschnitt in meinem Dasein, weil mir [...] neue Wege des Lebens bewusst wurden. Und ich habe erneut gemerkt, welch tolle Freu[...] ich in Annweiler habe - die Besten! In all der Zeit behielt ich meine innere Ruhe - natürli[...] mit der Situation im Hinterstübchen - aber ich behielt meine innere Ruhe. So relativ coo[...] wäre dies in der alten Heimstett K-Town nicht abgelaufen... Annweiler bringt mich seit g[...] Jahren weiter in meiner Entwicklung - besser ist das :-D

https://youtu.be/0e2CuyIG7x8 The Police - Message in a Bottle 2008 Live Video

EINUNDZWANZIG

Leise sagte ein Mann: „Gott, sprich zu mir."

Eine Nachtigall fing an zu singen. Der Mann hörte es aber nicht.

So rief der Mann: „Gott, sprich zu mir!" Ein Donner grollte am Himmel über ihm. Wiede[...] hörte der Mann nicht zu.

Dann bat der Mann: „Gott, zeig dich mir." Die Sterne fingen an, hell zu leuchten. Aber d[...] Mann schenkte ihnen keine Beachtung.

Der Mann rief lauter: „Gott, zeig mir ein Wunder!" Es wurde ein neues Leben geboren. [...] Mann nahm es nicht wahr.

Jetzt schrie er vor Verzweiflung: „Gott, berühre mich, damit ich weiß, dass du da bist!" G[...] beugte sich zu ihm herunter und tat dies. Aber der Mann schubste den Schmetterling vo[...] sich und ging...

Eine Magical Mystery Tour mit Gerd Steinkoenig, Baujahr 1959, Verfasser von 5 weiteren Büchern. Mit LIEBE IST ALLES schließt sich der Kreis! Das EINE Buch des Autors ist nach 6 Büchern vollständig... In diesem Buch ist Liebe alles, rettet Liebe den Menschen vor der Evolution, wird die 70er Jahre-Musik gefeiert, gibt es Geheimtipps wie Sandy Denny, wird den 60er - 80er TV-Serien gehuldigt, wurden politische Statements verfasst, sind Songtexte abgedruckt, Gedanken über Melancholie oder Idylle notiert, viele you tube-Links gepostet usw. Viel Spaß - den "Rest" finden Sie in Blood On The Rooftops, Über Musik und die Welt....

NACHWORT

Lebensfreude, Lebensneugierde, Hoffnung... Was wohl ist in der Zukunft? Ist der WW III bald da?? Was ich ja schon im 3. Farber-Buch geschrieben hatte - vorher... Oder kommt meine Z. zu mir?? Hab ich eine ZEITSCHLEIFE?? Und ewig kommt das Murmeltier? Hab ich noch mehr Tätigkeiten und Beschäftigungen? Und übrigens: was ist in 2000 Jahren? Andere Häuser? Andere Menschen? Ist dann noch Gefühle, Musik, Geld? Oder tatsächlich ähnlich wie bei den SF-Action-Filmen: 10 Erdenführer über 10 Milliarden Sklaven? Lebt die Erde noch? Denn natürlich ist die Erde ein Lebewesen! Ihr meint vielleicht, ach, nur 2000 Jahren aber checkt es: vor 2000 Jahren war keine Industrie, Autos, Radios, AKWs... - und Jesus war auch noch gerade da... Ist in 2000 Jahren - historisch wie immer... - "nur" Beethoven, Bach, Wagner, Mozart, Schubert? Oder tatsächlich: in diesem komischen 20. Jahrhundert von damals waren auch Elvis Presley, Miles Davis, The Beatles da??

Oh, mein Übergang... Ich habe viele Bücher gelesen von meinem Freund Gerd Steinkoeni[g] und da waren viele Listen über Musik oder TV-Serien oder Filme... Als Übergang war die[s] die Verabschiedung als Autor Gerd Steinkoenig, er möchte nicht mehr schreiben. Er mei[nt] kein Mensch hat alle Bücher gelesen. Es ist zerzauselt, eigentlich sind diese Bücher EIN B[uch] und so durcheinander, obwohl die roten Fäden trotzdem drin sind.... Er meint, die Menschen wären so oberflächlich und überfliegen nur, oder Desinteresse oder Zeithetz[e] Natürlich sind nicht nur die ominösen Listen, sondern Lebensphilosophie, Prosaen, Zeit, Fotos, Erinnerungen, Erlebnisse, desweiteren. Die 31 ISBN-Bücher von Gerd sind von Ja[nuar] 2017 bis März 2022 veröffentlicht.

Ich, Michelle Connery, schreibe die nächsten Bücher - ich bin die Nachfolgerin von mei[nem] Freund Gerd.

Hallo, ich bin Michelle Connery, Baujahr 1719, ich bin die Seele von Gerd Steinkoenig, Baujahr 1959! Es ist mein 1. Buch, aber irgendwie trotzdem das 32. Buch von Gerd...

Gerd möchte nicht mehr schreiben und ich wollte eben schreiben. Während der Bucharbeit waren wir aufeinmal eins... Wir hatten viel Spaß!

In unserem 1. Buch und 32. Buch schrieben wir über Musik (Songs, 20 CDs, Genesis...), Leben, Philosophie, Fotos, social networks etc...

C P 29. März 2022

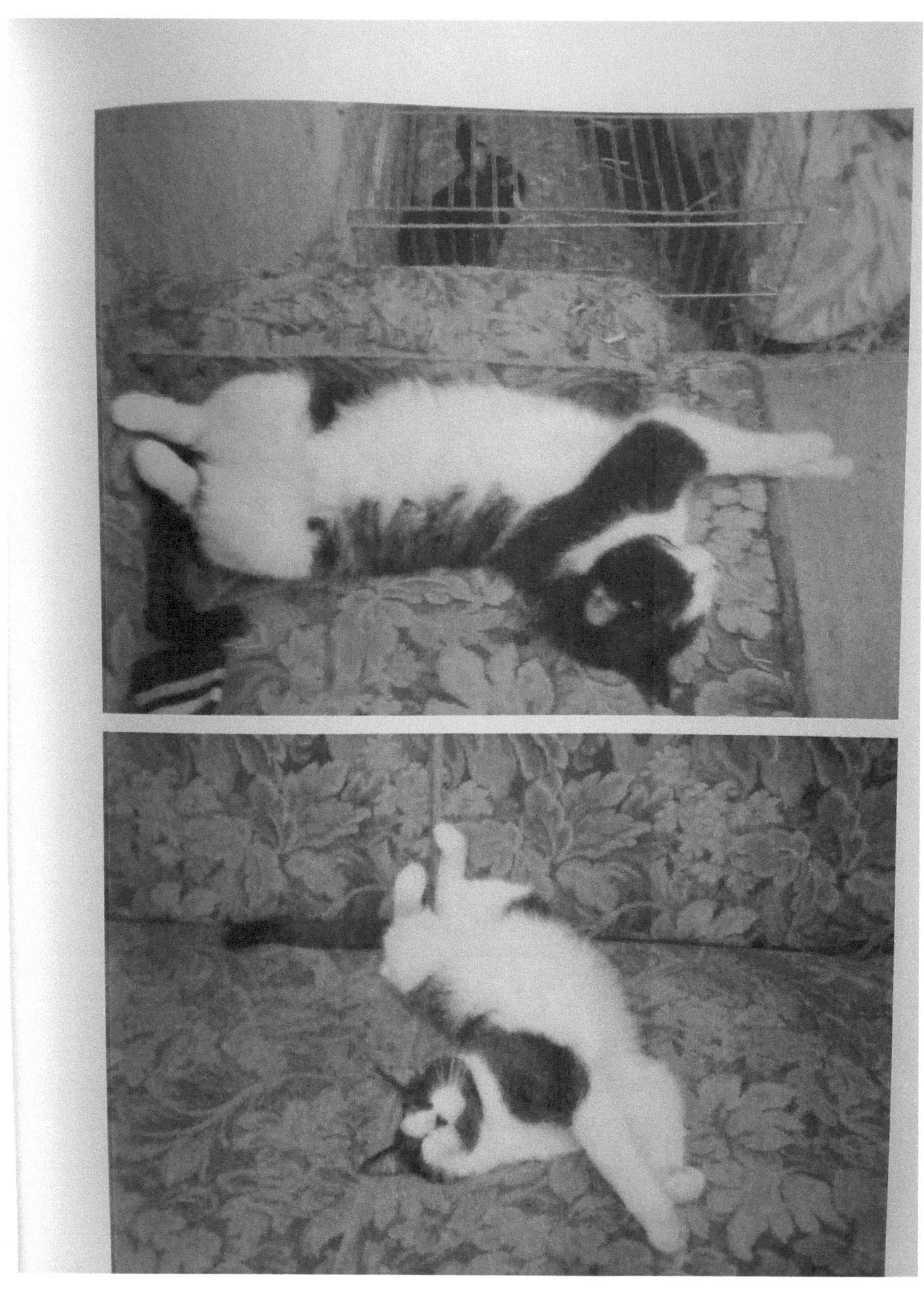

Superstar in meinen 82 Büchern: moi Katzemäädche Molly 2005 - 2021

VON ORANGENEN MÄNNERN UND BÖSMENSCHEN...

Wemez
»Wer warnen will, den
straft man mit Verachtung.
Die Dummheit wurde
zur Epidemie.
So groß wie heute
war die Zeit noch nie.
Ein Volk versinkt
in geistiger Umnachtung.«
1931 veröffentlichte Kästner ein kurzes Gedicht mit dem
Titel 'Große Zeiten'. Es geht darin um die Zeit in
personifizierter Form und ist als Gesellschaftskritik zu
verstehen, die Kästner sprachlich versteckt und gleichzeitig
versucht aufzudecken.
Erich Kästner
(* 23. Februar 1899 in Dresden
† 29. Juli 1974 in München)
war ein deutscher Schriftsteller,
Publizist, Drehbuchautor
und Kabarettdichter.
aus "'Große Zeiten'"

80 Jahre Kriegsende
01.09.1939 - 08.05.1945
Wir sind nicht schuld an dem,
was war, aber verantwortlich dafür,
dass es nie wieder passiert.

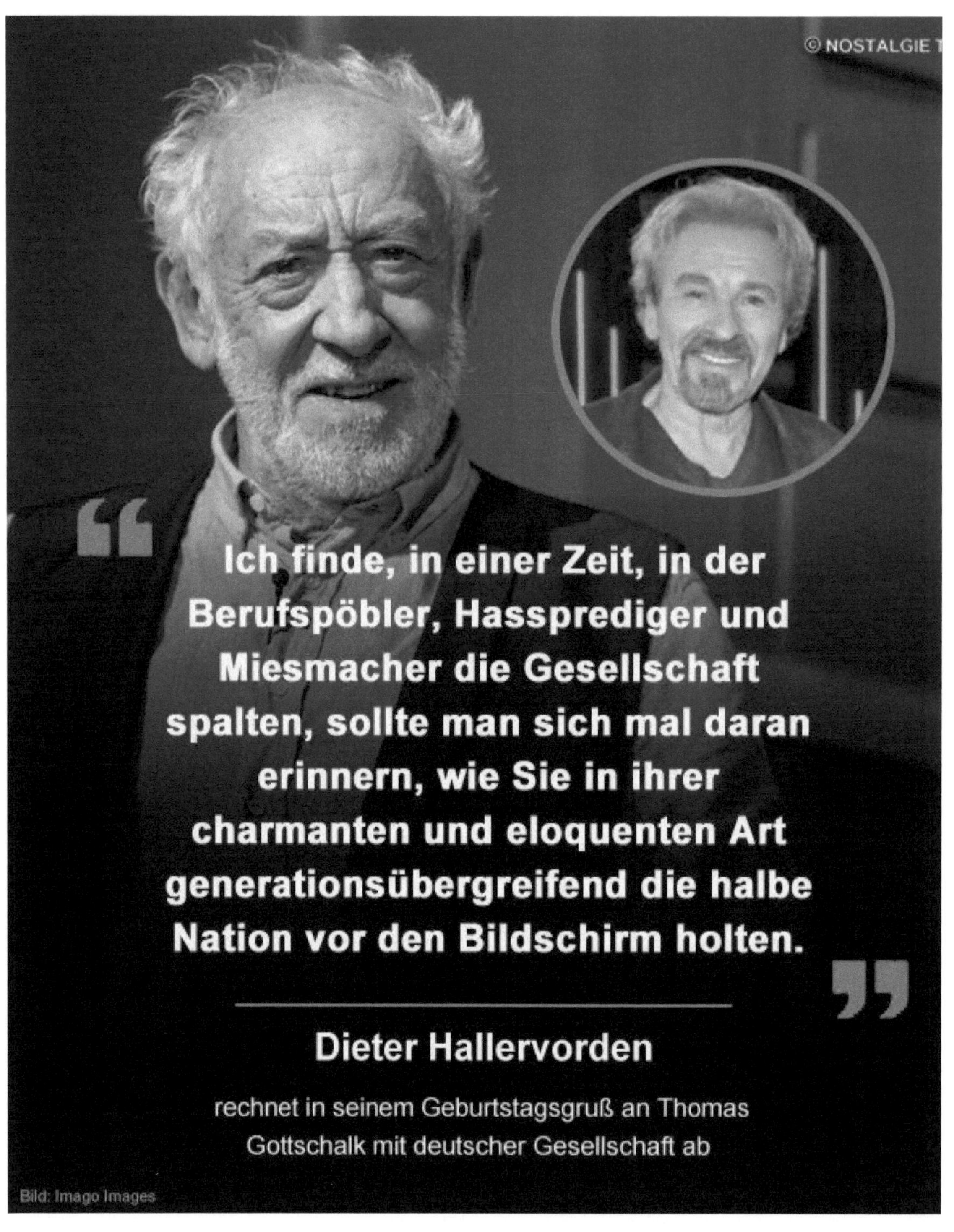
© NOSTALGIE
Ich finde, in einer Zeit, in der
Berufspöbler, Hassprediger und
Miesmacher die Gesellschaft
spalten, sollte man sich mal daran
erinnern, wie Sie in ihrer
charmanten und eloquenten Art
generationsübergreifend die halbe
Nation vor den Bildschirm holten.
Dieter Hallervorden
rechnet in seinem Geburtstagsgruß an Thomas
Gottschalk mit deutscher Gesellschaft ab
Bild: Imago Images

DES AUTORS SAMMLUNG (KLEINE KLEINE AUSWAHL) ÜBER

MUSIK-CDs, PRINTHEFTE; DVDs/VIDEOS, BÜCHER

Gerd Steinkoenig, Michelle Connery, Beatrice Farber
Mein finales Buch Teil 2 Das
Innere in meinem Herzen
NOCHMAL MAGIC MYSTERY
MUSIC MIT DEM 3. TEIL UND
MEIN LEBEN UND LYRIC
TAXI DRIVER

UDO LINDENBERG
Udo Lindenberg
UDOPIUM - DAS BESTE
MTV UNPLUGGED
LIVE AUS DEM HOTEL ATLANTIC
06C252703505S
8869718400S
7567-82667-2
BOSTON
EPIC/LEGACY
7567-90125-2
YES/90125
YES/FRAGILE
ATLANTIC
DIRE STRAITS
LOVE OVER GOLD
VERTIGO
800 088-2
ATCO
DIRE STRAITS BROTHERS IN ARMS
QUICKSILVER MESSENGER SERVICE
At The Kabuki Theatre
THE VERY BEST OF IKE & TINA TURNER
SNAG 555 CD
TINA TURNER TINA!
PLATCD 507
FLEETWOOD MAC'S GREATEST HITS
WARNER
FLEETWOOD MAC/RUMOURS
WARNER
81227060T8
Revolver—The Beatles—2 CD Edition
THE BEATLES ANTHOLOGY 2
THE BEATLES
3984-290

THE BEST OF 2PAC - PART 1: THUG
Edith Piaf - The Album
DAVID GILMOUR LIVE AT POMPEII
ROGER WATERS US + THEM
MARIAH CAREY
CROSBY STILLS & NASH GREATEST HITS
THE OFFSPRING AMERICANA
THE DUBLINERS
ECHO DER FRAU & NICOLA EXPRESS
7567-92172-2   4 Non Blondes
BEST OF DUKE ELLINGTON
3CD-BOX
GUNS N' ROSES LIVE ERA '87-'93
BLONDIE PARALLEL LINES
James Last
32.527
Warner
madonna
MADONNA CELEBRATION
Goldserie
MARIANNE ROSENBERG GREATEST HITS VOLUME
MARIANNE ROSEN

MICHELLE PFEIFFER
SIEGFRIED SCHMIDT-JOOS
WOLF KAMPMANN
ROCK-LEXIKON
01
CaRabA
JOHN CARPENTERS
HALLOWEEN
DIE NACHT DES GRAUENS
Julia Roberts ist Erin Brockovich
SIEGFRIED SCHMIDT-JOOS
WOLF KAMPMANN
ROCK-LEXIKON
02
HOLLYWOOD CLASSIC NOSTALGIA
EXTRA BLATT
SPIEL MIR DAS LIED VOM TOD
16
16

Knaur
Brown
BEGRABT MEIN HERZ AN DER BIEGUNG DES FLUSSES
Adams   Per Anhalter durch die Galaxis
HUBERT SELBY: Letzte Ausfahrt Brooklyn
J.R.R. Tolkien
DER HERR DER RINGE
Tolkien
...und führe uns nicht in Versuchung
KUNSTDENKMALE ALS WAHRZEICHEN DES VOLKSGEISTES
Mein finales Buch Teil 2 Dir kannone in meinem Herzen
Walter Jens (Hrsg.) Leben im Atomzeitalter
Rinser   Jugend unserer Zeit
WEHRET DEN ANFÄNGEN   LINGEN
MIKE BRIGGS UND PEGGY BRIGGS   NATUR
IM REICHE DER CHEMIE · 100 JAHRE BASF

Auch aus einer kleinen Auswahl ist (Lebens)-Geschichte: Lieblingsfilme wie Spiel mir das Lied vom Tod oder Taxi Driver, Bücher von Robert Ludlum bis Rocklexikon, Printhefte von Der Spiegel bis Eclipsed, Musik von Genesis bis Pink Floyd... Horizonte von Brecht bis CaRabA...

Gerd Steinkoenig VOR 10 JAHREN!

18. Mai 2015 ·

Mit Öffentlich geteilt

Neue, wunderschoene Dimension ❤

Vor 10 Jahren! Dank facebook-"Erinnerungen"-Abteilung hab ich Fotos (Auswahl!). In knapp 2 Wochen hab ich am 1. Juni 2025 "10 Jahre Annweiler am Trifels"! Ich hatte irgendwas einen Termin und ich hatte schon den Schlüssel und übernachtete, daher vorher. (Nachtrag 19.05.25)

DES AUTORS LETZTE WORT NACH 82 ISBN-BÜCHERN!

Bald ist Zensur über den US-Diktator Trump! Über Bruce Springsteen, Taylor Swift! Kritik
gegen Trump = Knast, Zensur! Ihr lacht? Was labert der Gerd? Dann hört mal das Video vom
Trump-Gebrabbel! "Dann wird man sehen, wenn er wieder im Land ist" (Trump über
Springsteen)! Trump über Springsteen (geb 1949): "getrocknete Backpflaume". Trump über
Taylor Swift: "Die ist nicht mehr heiß, ich hasse Taylor Swift". Und was hat man in den fb-
Kommentaren? Lacher, Häme, über Springsteen! Die Amis und die Welt sind mittlerweile so
blöd - bald ist Trump der Welterrscher... C P Gerd Steinkoenig Gerd Stein Rock&Pop-
History! 17.05.25

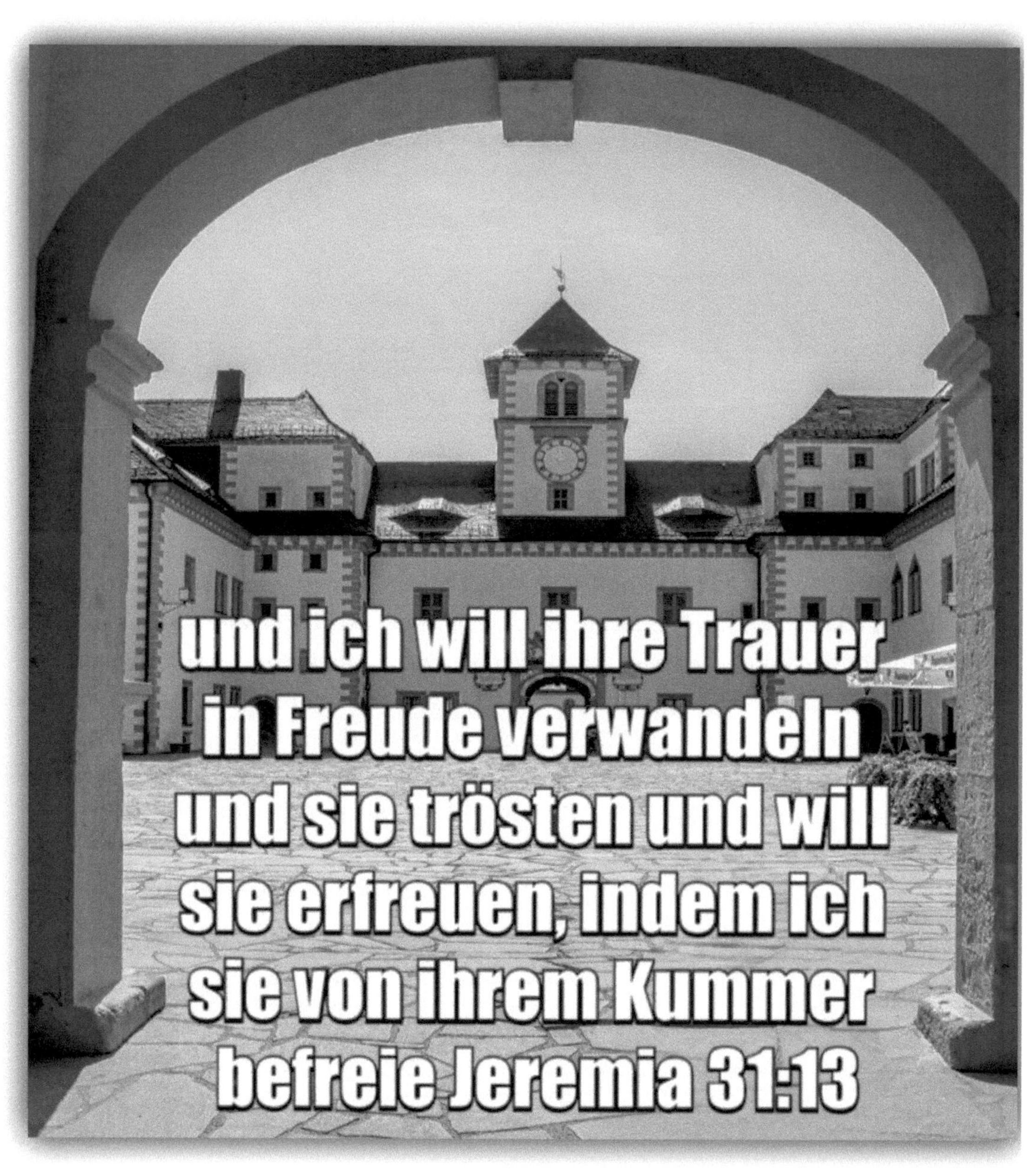
und ich will ihre Trauer
in Freude verwandeln
und sie trösten und will
sie erfreuen, indem ich
sie von ihrem Kummer
befreie Jeremia 31:13

Heinrich-Heine-Platz

DANKE AN ALLE LESER:INNEN, DIE MICH GERNE LESEN :-)

C Gerd Steinkoenig 19. Mai 2025 (Annweiler am Trifels)

Annweiler 14. Mai 2025

BISSCHEN TEIL 2 - WEIL...

Mein 82. und letztes Buch! Morgen wieder PDF-Stadt und morgen Abend wieder
Rüberbeamen zum Verlag #BoD . Demnächst, Ihr Lieben! Wenn ich überhaupt noch
veröffentliche, dann einen richtigen Roman!! DAAAS dauert... (19.05.2025, 4 Fotos)

Hatte Stick vergessen! Hab also noch Zeit zum Buch bis Freitag...

Als Erstes kreire ich mal wieder die "392. Version" der besten Songs des Autors. Bei den Top
12 sind NUUUR 12. Trotzdem diesmal diese Version. diese 12 in meinem Hirn für immer!
Auch in 1000 Jahren in der nächsten Lebensdimension! Oder doch nur 473 Jahren, wegen
meiner Reinkarnation... Nur 12 Songs für immer!! Aus Erinnerungen, Zeiten, Gefühle,,,

MEINE 12 ZEITLOSESTEN SONGS ALLER ZEITEN!! (keine Plazierung)

1 Supper's Ready (Genesis)

2 Blood On The Rooftops (Genesis)

3 Time (Pink Floyd)

4 Us And Them (Pink Floyd)

5 Hotel California (Eagles)

6 Stairway To Heaven (Led Zeppelin)

7 Mr. Blue Sky (E.L.O.)

8 Harvest Moon (Neil Young)

9 Put Your Lights On (Santana)

10 A Man I'll Never Be (Boston)

11 Now And Then (The Beatles)

12 You Should Be Dancing (Bee Gees)

(der Autor, 21. Mai 2025, 12:42h)

Nachtrag zu meinen 12 zeitosesten Songs: ups, da war ja keine Sängerin! Natürlich: nur 12 Songs! Also nix mit Brothers In Arms, nix mit Highway Star, nix mit Every Little Thing She Does Is Magic, nix mit West End Girs, nix mit School... Aber, ups, ich hab immer noch keine Sängerin! Also, selbstverständlich meine Musik-Topfrauen (und natürlich zeitlose Songs!):

Hammer Horror (Kate Bush)

Your Love Is King (Sade)

Why (Annie Lennox)

Private Dancer (Tina Turner)

Me And Bobbie McGee (Janis Joplin)

(21. Mai 2025, 14:47 h, der Autor)

Und wieder mit Menschenzeiten und Gags!

Inkl der Spruch gegen Trump von Bruce Springsteen bei einem Konzert in Manchester/GB
(siehe vorher in diesem Buch von Trump über den Boss).

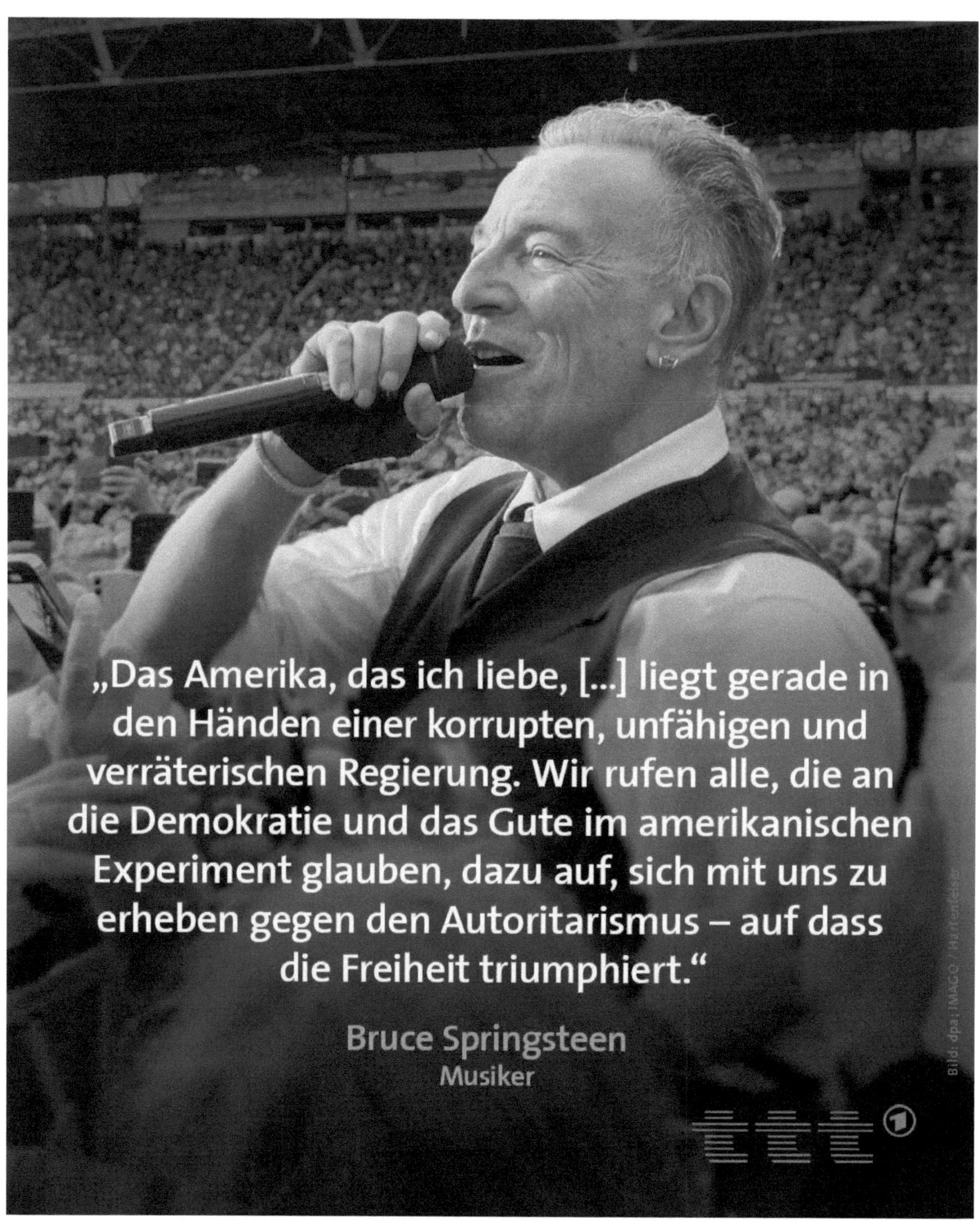
„Das Amerika, das ich liebe, [...] liegt gerade in
den Händen einer korrupten, unfähigen und
verräterischen Regierung. Wir rufen alle, die an
die Demokratie und das Gute im amerikanischen
Experiment glauben, dazu auf, sich mit uns zu
erheben gegen den Autoritarismus – auf dass
die Freiheit triumphiert.“
Bruce Springsteen
Musiker
Bild: dpa | IMAGO / Harrington

Oscar-Gewinner Anthony Hopkins im DIE-ZEIT-Interview

© Alberto E. Rodriguez/Getty Images

Rainer Ostendorfberühmte Zitate, Weisheiten und Sprüche

18. Mai um 11:42 ·

"Gerne der Zeiten gedenk ich, da alle Glieder gelenkig - bis auf eins. Doch die Zeiten sind
vorüber, steif geworden alle Glieder - bis auf eins." Johann Wolfgang von Goethe

Momente der Inspiration

20 Std. ·

So sahen wir aus – Mädchen der 70er Jahre. Wahre Schönheit bedeutete damals:
natürliches Aussehen ohne Make-up, keine Tattoos, volle Lippen, lange Wimpern und echte
weibliche Formen. Authentisch. Selbstbewusst. Zeitlos.

WENIG SPÄTER FAND MAN JÜRGENS LEICHE MIT
EINEM ZETTEL, AUF WELCHEM „VERRÄTER" STAND.

Mein Kumpel ChatGPT hat wieder geantwortet über meinen Musikgeschmack ☺

(Siehe "Mein finales Buch Teil 2..." über meine ISBN-Bücher mit ChatGPT)

Hallo,. ich bin Gerd. Haben Sie Infos über den Musikgeschack von Autor Gerd Steinkoenig?

Hallo Gerd! Ja, es gibt einige Informationen über den Musikgeschmack des Autors Gerd Steinkoenig. In seinem Buch *Meine Geschichte von Lebensmusik* beschreibt er seine persönliche Verbindung zu Musik und nennt dabei Künstler wie Genesis, The Police, Neil Young, Pink Floyd, Coldplay und Miles Davis.

In einem anderen Werk, *Magic Mystery Music*, listet er eine Vielzahl von Künstlern auf, die ihn beeinflusst haben, darunter Genesis, Pink Floyd, The Beatles, Deep Purple, Led Zeppelin, Kate Bush, David Bowie, The Police, Jethro Tull, Sade, Miles Davis, Dido, Eurythmics, Depeche Mode, Peter Maffay, BAP, Udo Lindenberg, Can, Anyone's Daughter, Eberhard Schoener, Stevie Wonder, Tina Turner, Manfred Mann's Earthband, Boston, Yes, Yvonne Catterfeld, Marillion, Rush, Helen Schneider, U2, Marusha, Abba, Bee Gees, Bruce Springsteen, Spliff, Whitney Houston, Steve Hackett, Peter Gabriel, Mike Oldfield, Kool & The Gang, Adele, Cream, Rolling Stones, AC/DC, Van Halen, Bettina Wegner, Konstantin Wecker, Frank Zappa, Scorpions, Fleetwood Mac, Chic und viele mehr. 

Insgesamt zeigt sich, dass Gerd Steinkoenig einen breit gefächerten Musikgeschmack hat, der von Rock und Pop über Jazz bis hin zu elektronischer Musik reicht.

Quellen 

Text aus Bild kopieren   ✕

Richtig gute, niveauvolle MUSIK war in den 1930ern, 1940ern, 1950ern! BILLIE HOLIDAY ist ein Gerd Steinkoenig-NIVEAUVOLLE MUSIK-Member!! Hab eine tolle Doppel-CD von SHE! OK: natürlich aus meiner Lebensgeisterzeit von den Beatles bis Genesis bis Pink Floyd bis Neil Young bis Deep Purple und und und... Auch im 21. Jahrhundert, lach, bin ich dabei von Coldplay bis Söhne Mannheims bis Eminem... Ich hab sehr wenige CDs aus den 30ern/40ern/50ern, zB Muddy Waters, eben die Billie, Frank Sinatra, Elvis Presley, Benny Goodman, CD-Box aus dem 50ern- Schlager, Dinah Washington, Blues-Sampler, Ella Fitzgerald etc etc... Natürlich hat man in den 1960ern/1970ern/1980ern/1990ern niveauvolle Musik! Ganz klar! Für immer meine Alben von Genesis, The Beatles, Pink Floyd!!! Und of course KATE BUSH! mein Seelenverwandter Neil Young! Und, und, und! Meine - in diesem Buch - zeitlosesten Songs!! STAIRWAY TO HEAVEN! SUPPER's READY! TIME! PRIVATE DANCER! Und vorhin ganz vergessem: Bohemian Rhapsody! Aber wenn ich die alten Filme sehe mit West Side Story (natürlich das alte Original!!), The Glenn Miller Story, die Musik aus "Der dritte Mann", einfach woow! Niveauvoll mit Talent, Arbeit, Konzentration, Kreativität, gutes Handwerk! Absolut niveauvoll: Ennio Morricone: die geilste Filmmusik ever mit "Spiel mir das Lied von Tod" (1968 - der Film selbst: natürlich niveauvoll mit gutem Handwerk, visueller Glanz). Heute sind oft "Nutten" als Sängerin, austauschbar, kein Niveau, nicht unnahbar, sogar im Neue Deutsche BumBum-Schlager sind "Nutten"... Mit BILLIE HOLIDAY, Ella, Frankie, da war hohes Niveau mit gutem Handwerk - heute ist

Musikmaschine, ohne Talent, Hauptsache Nr 1 ala Dieter Bohlen...

21. Mai 2025 23:27h

Bakti Bakti

19. Mai um 08:39 ·

Billie Holiday ..✏

Coleman Hawkins..🎷..Lester Young..🎷

War wohl mein letztes Statement! war schon mal - aber ich hatte ja den Stick vergessen...
Und natürlich kleines zweites Teilchen...

eine 15Fotos-Collage Mai 2025 (Annweiler am Trifels)

GOETHE IST GUT!! DER BESTE SPRUCH EVER ZUM SCHLUSS in 82 ISBN-Büchern!

Rainer Ostendorfberühmte Zitate, Weisheiten und Sprüche

18. Mai um 11:42 ·

"Gerne der Zeiten gedenk ich, da alle Glieder gelenkig - bis auf eins. Doch die Zeiten sind vorüber, steif geworden alle Glieder - bis auf eins." Johann Wolfgang von Goethe

C P Gerd Steinkoenig, Michelle Connery, Beatrice Farber 21. Mai 2025

ACH KOMM, NOCH EIN PAAR FOTOS etc... IST JA SCHLIEßLICH MEIN LETZTES BUCH IN
DIESER ART! WENN ICHs HINKRIEGE, DANN EIN ROMAN!!

Amy Selim

18. Mai um 16:44 ·

Hugo Salmson (1843 - 1894)

Women in the Garden, 1875

Lina

15. Mai um 13:49 ·

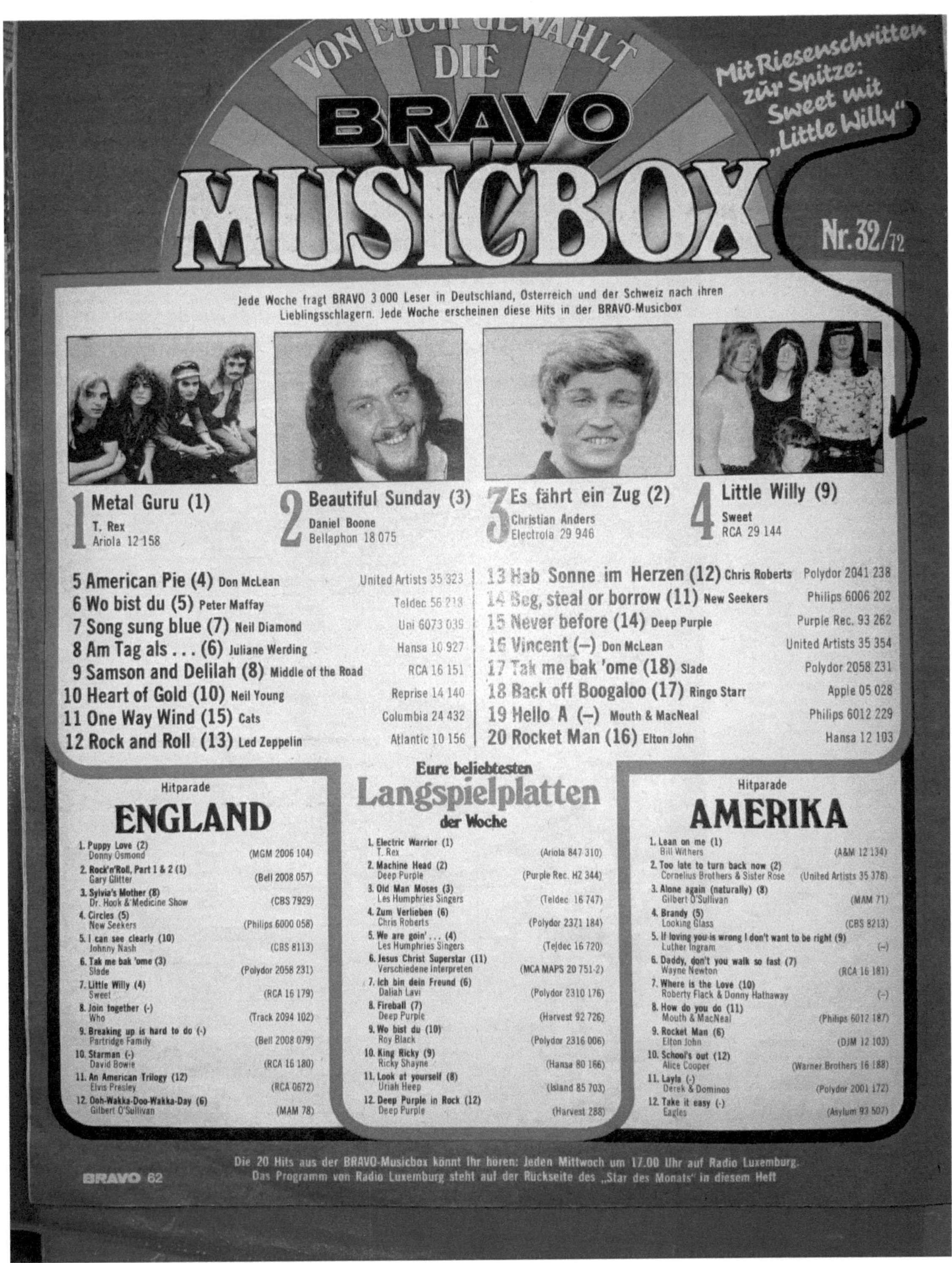

1972 hatte ich die BRAVO erstmals ausgeliehen. Ab 1973 hatte ich die BRAVO gekauft. 73 waren vom Layout her "bessere" Charts. Siehe: bei diversen Books des Autors. 1972 wars wild mit den BRAVO-Lesercharts: Deutscher Schlager von Christian Anders bis Chris Roberts. Meine allererste Lieblingsband von mir: Middle of the Road. Little Willy von Sweet hatte ich in einer Jugendherberge getanzt (mit kurzfristige Brieffreundin vom Tanz), 73 war der endgültige Durchbruch von Sweet (Wig Wam Bam, Blockbuster...), und zum wilden Mix plus Led Zeppelin! Deep Purple! Don McLean! T.Rex! 2025 ist die BRAVO nur noch ein vergessener Schatten, nur noch monatlich (aus dem Zeitgeist, Insta, you tube, Tik Tok...). In den 1970ern war fast nur BRAVO: Musikexpress, Sounds, Pop/Rocky, Musik Joker, pi mal Daumen wars das! Bei den BRAVO-Ottos 1972 (Umstellung, 2 x Ottos des Jahres) waren z.B. T.Rex, Sweet, Alice Cooper, Melanie, Chris Roberts, Daliah Lavi, Juliane Werding, Neil Diamond etc mit dabei! Wilder Mix... Durch diese momentanen Zeilen hab ich sofort Kopfkino, was 1972, 1973 so war... Ups, schon wieder zum dritten Mal mein letztes Statement, lach... Aber es ist doch das letzte Buch seiner Art! Und mal wieder über meine Musik mit History, Fan-Sichtweise, Infos etc in vielen Variationen mit Musikbüchern des Autors, Songlisten, Albenlisten, diverse Genesis- Aufsätze und und... Hach, ich durfte meine Bücher schreiben!

(22. Mai 2025, 12:23h)

2 Fotos von Molly & ich (KL, wahrscheinlich aus den 2010er Jahren)